LES ANIMAUX LES PLUS MEURTRIERS

LE LION D'AFRIQUE

Un livre de la collection Les branches de Crabtree

Amy Culliford

Crabtree Publishing
crabtreebooks.com

Soutien de l'école à la maison pour les parents, les gardiens et les enseignants

Ce livre très intéressant est conçu pour motiver les élèves en difficulté d'apprentissage grâce à des sujets captivants, tout en améliorant leur fluidité, leur vocabulaire et leur intérêt pour la lecture. Voici quelques questions et activités pour aider le lecteur ou la lectrice à développer ses capacités de compréhension.

Avant la lecture

- *De quoi ce livre parle-t-il?*
- *Qu'est-ce que je sais sur ce sujet?*
- *Qu'est-ce que je veux apprendre sur ce sujet?*
- *Pourquoi je lis ce livre?*

Pendant la lecture

- *Je me demande pourquoi...*
- *Je suis curieux de savoir...*
- *En quoi est-ce semblable à quelque chose que je sais déjà?*
- *Qu'est-ce que j'ai appris jusqu'à présent?*

Après la lecture

- *Qu'est-ce que l'autrice veut m'apprendre?*
- *Nomme quelques détails.*
- *Comment les photographies et les légendes m'aident-elles à mieux comprendre?*
- *Lis le livre à nouveau et cherche les mots de vocabulaire.*
- *Ai-je d'autres questions?*

Activités complémentaires

- *Quelle est ta section préférée de ce livre? Rédige un paragraphe à ce sujet.*
- *Fais un dessin représentant l'information que tu as préférée dans ce livre.*

TABLE DES MATIÈRES

DES PRÉDATEURS FÉROCES

Le lion d'Afrique est un **prédateur** féroce qui règne sur son domaine. On l'appelle souvent le roi de la jungle.

Les mâles, avec leur impressionnante **crinière**, ont vraiment l'air de rois. Cependant, leur surnom prête à confusion. Les lions ne vivent pas dans la jungle. La plupart **habitent** dans les savanes africaines. Un petit nombre de lions vivent en Inde.

LA FEMELLE LION, OU LIONNE, N'A PAS DE CRINIÈRE.

LES SAVANES AFRICAINES

Les savanes recouvrent presque la moitié de l'Afrique. Les savanes sont de vastes prairies tropicales parsemées de quelques arbres. Plusieurs gros animaux partagent les savanes avec les lions, dont les gnous, les zèbres, les buffles et les rhinocéros. D'autres grands chats, comme les guépards et les léopards, y vivent aussi.

LES LIONS SONT CARNIVORES. ILS CHASSENT PRINCIPALEMENT DES GNOUS, DES GIRAFES, DES ZÈBRES ET DES BUFFLES. ILS S'ATTAQUENT PARFOIS À DE JEUNES ÉLÉPHANTS ET MÊME À DES CROCODILES.

GNOUS

Des armes meurtrières

Arme numéro 1 : les dents

Les dents sont l'arme la plus meurtrière du lion. Il a quatre grandes **canines** qui peuvent facilement percer la peau et déchirer la chair.

Les canines mesurent environ un demi-pouce (1,5 cm). Les lions adultes ont des canines qui mesurent environ 4 pouces (10 cm).

Arme numéro 2 : les griffes

Les griffes peuvent s'avérer mortelles quand les lions les utilisent pour chasser leurs proies. Les griffes des lions sont tranchantes. Elles peuvent atteindre une longueur de 1,5 pouce (3,8 cm).

Tout comme les griffes d'un chat domestique, les griffes du lion sont rétractées sous une membrane protectrice quand il ne les utilise pas.

Arme numéro 3 : la couleur de sa fourrure

Le lion a un **camouflage** naturel : sa fourrure. La couleur brun jaunâtre de sa fourrure se fond à l'herbe, ce qui facilite l'approche des proies sans être vu.

Habituellement, les lions traquent ou chargent et coincent leur proie. Les lions tuent en serrant leurs griffes autour du cou de leur victime.

Arme numéro 4 : des sens aigus

Les lions ont de grands yeux ronds qui sont très sensibles à la lumière-six fois plus sensibles que les yeux des humains. Leurs pupilles s'ouvrent très grand dans le noir, ce qui permet à la lumière de la lune d'y entrer. C'est pourquoi les lions ont une excellente vision nocturne.

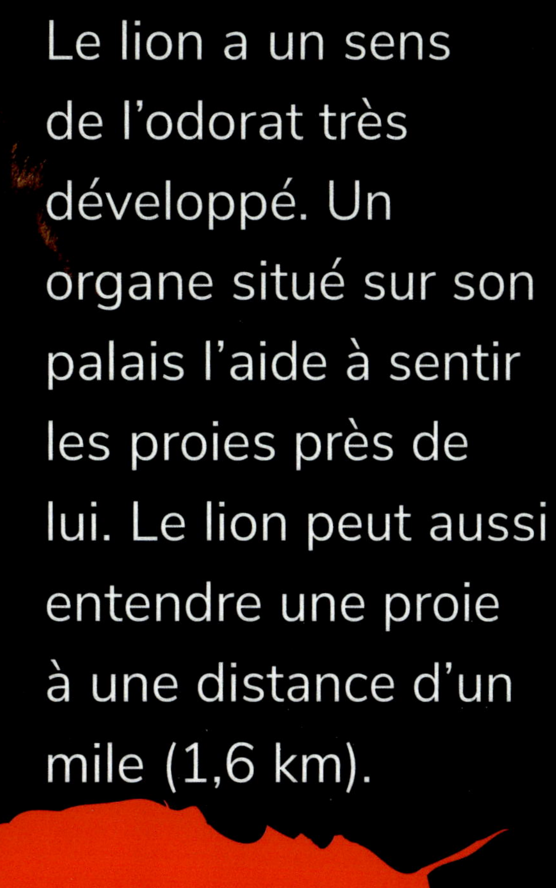

Le lion a un sens de l'odorat très développé. Un organe situé sur son palais l'aide à sentir les proies près de lui. Le lion peut aussi entendre une proie à une distance d'un mile (1,6 km).

COMME LA PLUPART DES PRÉDATEURS, LES YEUX DU LION SONT SITUÉS À L'AVANT DE SA TÊTE, PLUTÔT QUE SUR LES CÔTÉS COMME LEURS PROIES. CELA AIDE LE LION À MIEUX FIXER SON REGARD SUR SES PROIES.

LA VIE EN TROUPE

Les lions vivent en groupes appelés troupes. Les troupes comprennent les femelles apparentées, leurs lionceaux et un ou plusieurs mâles adultes. Les femelles prennent soin des petits et sont responsables de la chasse. Les mâles adultes protègent la troupe et son territoire.

Les femelles donnent naissance à peu près au même moment. Elles **allaitent** tous les lionceaux, pas seulement les leurs. Les femelles restent habituellement dans la troupe toute leur vie. Toutefois, les mâles sont forcés de partir à 2 ou 3 ans. Ces jeunes mâles restent souvent ensemble pour chercher une nouvelle troupe.

LE LAIT DE LA MÈRE EST NUTRITIF ET AIDE LES LIONCEAUX À DEVENIR FORTS. LES LIONCEAUX COMMENCENT À MANGER DE LA VIANDE VERS DEUX MOIS, MAIS LA LIONNE CONTINUE DE LES ALLAITER JUSQU'À ENVIRON SIX MOIS.

QUELQUES CHIFFRES SUR LES LIONS

Le lion est le **deuxième plus grand** félin au monde, après le tigre.

Les troupes peuvent comprendre jusqu'à **40 individus.**

Les lions mâles pèsent en moyenne **420 livres** (190 kilos).

Les lionnes pèsent en moyenne **300 livres** (136 kilos).

Le territoire de la troupe peut atteindre une superficie de **100 miles carrés** (259 km carrés).

Les lions vivent environ **10 à 15 ans** à l'état sauvage.

Ils peuvent vivre jusqu'à **25 ans** en captivité.

La population mondiale de lions est estimée à **20 000 individus à l'état sauvage.**

À LA CHASSE

Quand les lions chassent ensemble, ils se dispersent et traquent leur proie à partir de différents endroits. Les lions se rapprochent lentement jusqu'à ce qu'ils soient repérés.

Quand leur proie tente de prendre la fuite, les lions commencent leur poursuite. S'ils attrapent leur proie, ils sortent leurs griffes. Un coup de patte sur le corps de leur victime aide à la mettre au sol. Les mâles s'attaquent aux proies de grande taille, comme les gnous ou les buffles, en sautant sur leur dos.

LE LION N'EST PAS L'ANIMAL LE PLUS RAPIDE DE LA SAVANE, MAIS PEUT ATTEINDRE UNE VITESSE DE 50 M/H (80,5 KM/H) SUR DE COURTES DISTANCES.

LE PREMIER LION DU TSAVO TRAQUÉ ET TUÉ

ATTAQUE DE LION!

1898 était une époque effrayante pour les gens de la région du Tsavo, au Kenya. Des hommes travaillaient le jour à la construction d'une voie ferrée. La nuit, ils campaient dans la **brousse** africaine. Sans avertissement, deux grands lions mâles ont commencé à traquer et à attaquer les hommes.

LE CAMPEMENT DES OUVRIERS

LES LIONS ATTAQUENT PARFOIS LES HUMAINS, MAIS CE COMPORTEMENT N'EST PAS HABITUEL.

DES LIONS DU TSAVO PRÉSENTÉS AU MUSÉE FIELD D'HISTOIRE NATURELLE DE CHICAGO, EN ILLINOIS (ÉTATS-UNIS). CONTRAIREMENT AUX AUTRES LIONS MÂLES, ILS N'ONT PAS DE CRINIÈRE.

Certains ont été extirpés de leur tente et n'ont jamais été revus. Les lions du Tsavo sont revenus plusieurs fois cette année-là, terrorisant les ouvriers. Avant que les lions soient traqués et tués, des dizaines d'hommes avaient été enlevés et tués par les lions.

LES LIONS ET LES HUMAINS

Les lions ont beaucoup plus à craindre des humains que l'inverse. Des centaines de lions meurent chaque année en raison des humains. Certains sont tués parce qu'ils présentent une menace pour des humains ou du bétail. Malheureusement, de nombreux lions sont tués pour le sport.

UN VOYAGE AU PAYS DES LIONS

Que dois-tu faire si tu te retrouves face à face avec un lion? Ne cours pas. Même le plus rapide des humains ne peut pas distancer un lion qui charge.

Un lion affamé tourne ou s'arrête au dernier moment. Si tu cours, tu pourrais devenir une proie. Il vaut mieux tenir ta position, en faisant face au lion. Les spécialistes recommandent de transporter du gaz poivré pour parer une attaque.

TUER OU ÊTRE TUÉ

Les lions et les hyènes sont de fervents rivaux. Ils se volent souvent les proies. Les lions tuent aussi des hyènes quand ils en ont l'occasion. Toutefois, un clan de hyènes ne craint pas d'affronter un plus petit groupe de lions. Quand il est question de lions et de hyènes, c'est tuer ou être tué.

Les hyènes n'ont pas peur de protéger leur repas contre les plus petits groupes de lions.

Les lions partagent la savane avec certains des chasseurs les plus meurtriers au monde. Les guépards, les léopards, les clans de hyènes et les meutes de chiens sauvages sont tous des prédateurs féroces. Mais depuis des dizaines de milliers d'années, les lions ont gardé leur place au sommet de la chaîne alimentaire. C'est pourquoi le lion d'Afrique est considéré comme l'un des animaux les plus meurtriers au monde.

CHIENS SAUVAGES

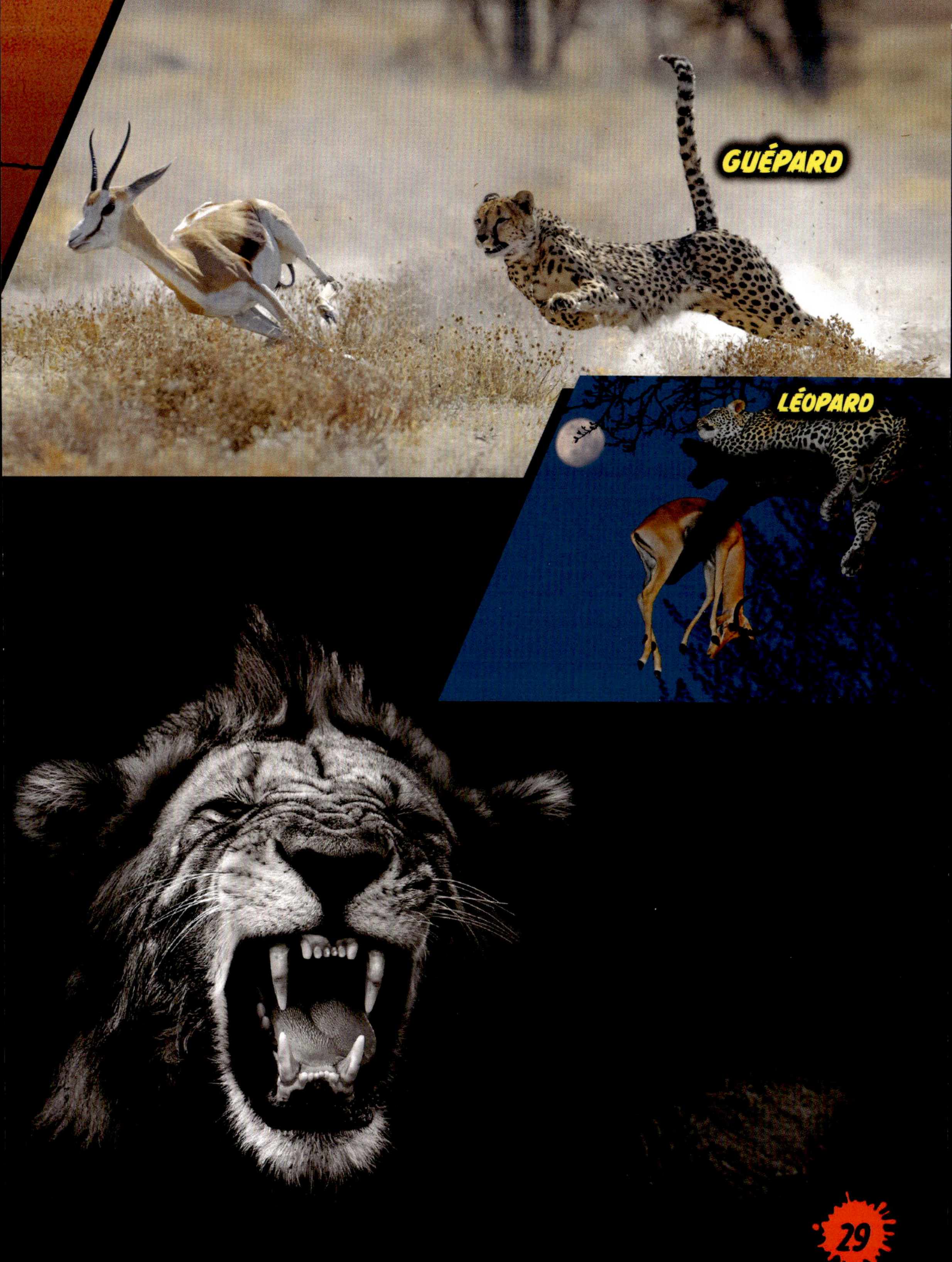
GUÉPARD
LÉOPARD

Glossaire

allaitent (a-lète) : Donnent du lait

brousse (brouss) : Région non cultivée couverte d'arbres et de buissons

camouflage (ka-mou-flaj) : Couleur qui aide les animaux à ressembler à leur environnement

canines (ka-ninns) : Dent pointue de chaque côté des mâchoires supérieure et inférieure

carnivores (kar-ni-vor) : Animaux qui mangent de la viande

crinière (kri-ni-ère) : Les longs poils épais sur la tête et le cou des lions ou des chevaux

habitent (a-bitt) : Vivre à un endroit

prédateur (pré-da-teur) : Animaux qui vivent en chassant et en mangeant d'autres animaux

proie (proa) : Un animal qui est chassé et mangé par un autre animal

rétractées (ré-trak-té) : Entrées à l'intérieur

traquer (tra-ké) : Chasser ou suivre en silence, secrètement

Index

Sites Web à Consulter

www.panthera.org/cat/lion

kids.sandiegozoo.org/animals/african-lion

kids.nationalgeographic.com/animals/mammals/facts/lion

À PROPOS DE L'AUTRICE

Amy Culliford

Amy Culliford a un baccalauréat en beaux-arts. Elle est professeure d'art dramatique et dirige des programmes parascolaires d'art dramatique. Elle évite les animaux meurtriers en tout genre.

L'autrice souhaite remercier David et Patricia Armentrout pour leur recherche et leur aide dans le cadre de ce projet.

Crabtree Publishing

crabtreebooks.com 800-387-7650

Au Canada : Nous reconnaissons l'appui financier du gouvernement du Canada par l'entremise du Fonds du livre du Canada pour nos activités de publication.

Paperback	978-1-0396-0300-4
Ebook (pdf)	978-1-0396-0306-6
Epub	978-1-0396-0312-7
Read-along	978-1-0398-0355-8
Audio book	978-1-0396-6686-3

Catalogage avant publication de Bibliothèque et Archives Canada

Titre: Le lion d'Afrique / Amy Culliford.
Autres titres: African lion. Français.
Noms: Culliford, Amy, 1992- auteur.
Description: Mention de collection: Les animaux les plus meurtriers | Les branches de Crabtree | Traduction de : African lion. | Comprend un index.
Identifiants: Canadiana (livre imprimé) 20210307803 | Canadiana (livre numérique) 2021030782X | ISBN 9781039602977 (couverture souple) | ISBN 9781039603035 (HTML) | ISBN 9781039603097 (EPUB)
Vedettes-matière: RVM: Lion—Ouvrages pour la jeunesse. | RVMGF: Documents pour la jeunesse.
Classification: LCC QL737.C23 C8514 2022 | CDD j599.757—dc23

Imprimé au Canada/102023/CPC20231018

Publié au Canada
Crabtree Publishing
616 Welland Ave.
St. Catharines, Ontario
L2M 5V6

Publié aux États-Unis
Crabtree Publishing
347 Fifth Avenue
Suite 1402-145
New York, NY, 10016

Production : Blue Door Education pour Crabtree Publishing
Autrice : Amy Culliford
Conception : Jennifer Dydyk
Révision : Tracy Nelson Maurer
Correctrice : Crystal Sikkens
Traduction : Annie Evearts

Références photographiques : Photo de la couverture © The Len/ Shutterstock.com, éclaboussure rouge sur la couverture et dans le livre © Andrii Symonenko /Shutterstock.com, p. 4 © RujStudio/Shutterstock.com, p. 5 (carte) © maodoltee/Shutterstock.com, (lionne) © Johan Swanepoel/ Shutterstock.com, p. 6-7 (photo en arrière-plan) © Manamana/ Shutterstock. com, (lion et zèbre) © PREJU SURESH/Shutterstock.com, (gnous) © Photo Africa SA/Shutterstock. com, p. 8 (haut) © Eric Isselee/ Shutterstock.com, (bas) © Rudi Hulshof/Shutterstock.com, p. 9 (haut) © Mikhail Kolesnikov/Shutterstock.com, (bas) © Villiers Steyn/Shutterstock. com, (photo en arrière-plan) javarman/Shutterstock.com, p. 10 © Marcel Brekelmans/Shutterstock.com, p. 11 (haut) © Alta Oosthuizen/ Shutterstock.com, (bas) © GUDKOV ANDREY/Shutterstock.com, p. 12 © ert Vrey/Shutterstock.com, p. 13 © Josh McPhail/Shutterstock. com, p. 14 (haut) © Teresa Moore/Shutterstock.com, (bas) © Jane Rix/ Shutterstock.com, p. 15 (photo du coin) © Chris Price at PulseFoto/ Shutterstock.com, (photo plus petite) © Ozkan Ozmen/Shutterstock.com, p. 16 © Volodymyr Burdiak/Shutterstock.com, p. 17 (grande photo) © The Len/ Shutterstock.com, (petite photo) © Guido Amrein Switzerland/ Shutterstock.com, p. 18 © GUDKOV ANDREY/ Shutterstock.com, p. 19 (haut) Gerrit_de_Vries/Shutterstock.com, (bas) © Jez Bennett/ Shutterstock.com, p. 20-21 images en noir et blanc du domaine public (source http://news.nationalgeographic.com/2017/04/man-eating-lions-teeth-kenya/), (photo en couleurs des deux lions au musée) © Superx308 (Wikipedia) https://creativecommons. org/licenses/by-sa/3.0/ deed.en, p. 21 (carte) © Meda01/Shutterstock.com, p. 22-23 (photo en arrière-plan) © Thammanoon Khamchalee/Shutterstock.com, p. 23 (haut) Stephan Dreyer/Shutterstock.com, (bas) © Milvus80/Shutterstock. com, p. 24 © Steffen Foerster/Shutterstock.com, p. 25 (haut) Fumanyc/ Shutterstock. com, (bas) © Rudi Hulshof/Shutterstock.com, p. 26-27 (photo en arrière-plan) © sarintra chimphoolsuk/ Shutterstock.com, p. 27 (images du haut et du bas) © MintImages/Shutterstock.com, (centre) © ruek66/ Shutterstock.com, p. 28 © Rudi Hulshof/Shutterstock.com, p. 28 (haut) © Elana Erasmus/Shutterstock.com, (centre) © Artem Avetisyan/ Shutterstock.com, (bas) © Donovan van Staden